AF495523

# LA LÉGENDE
DE
# SAINTE-OSMANNE
*D'APRÈS UN ANCIEN VITRAIL*
DE
# L'ÉGLISE *de* FÉRICY-EN-BRIE
(SEINE-ET-MARNE)

**Par G. LEROY,**
CORRESPONDANT DU MINISTÈRE DE L'INSTRUCTION PUBLIQUE,
OFFICIER D'ACADÉMIE.



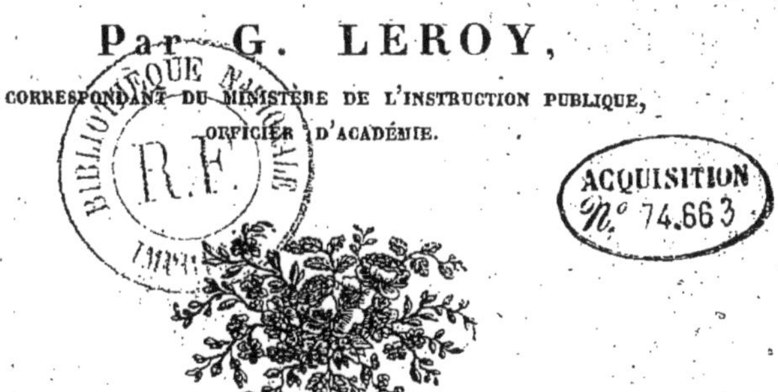

A PARIS
Chez CLAUDIN, Libraire, rue Guénégaud,
près le Pont-Neuf.

*M. DCCC. LXXII.*

# LE VITRAIL DE S^TE-OSMANNE

## Dans l'Eglise de Féricy.

---

A mi-chemin de Melun et de Montereau-faut-Yonne, on trouve, sur le sommet d'un des coteaux qui bordent la rive droite de la Seine, le village de Féricy (1). Il domine une vallée profonde dont les versants sont couverts de beaux vignobles. A l'est s'étend une plaine fertile bornée par la forêt de Champagne. A l'ouest, au-delà de la vallée, la forêt de Barbeau et des bouquets de bois, étagés sur les coteaux de la Seine, se prolongent jusque dans les plaines de Fontaine-le-Port et du Châtelet.

Quelques-uns de ces bois tirent leurs noms d'établissements religieux du diocèse de Paris qui les possédèrent au moyen-âge. C'est ainsi que le plan de l'Intendance, dressé en 1785, indique, sur le territoire de Féricy, les bois de la Sainte-Chapelle, de Saint-Denis et de Saint-Maur, qui existent encore aujourd'hui avec les mêmes appellations.

Le droit de propriété des religieux de Saint-Denis, dans la paroisse de Féricy, datait des premiers temps de l'ère carolingienne. En 751, Pépin-le-Bref, voulant se montrer favorable à l'abbaye qu'il avait choisie pour sépulture, lui donna des bois et des terres à Féricy, dépen-

---

(1) Canton du Châtelet, arrondissement de Melun (Seine-et-Marne). Population, 590 habitants.

dant de toute ancienneté du domaine royal. Les successeurs de ce monarque, Charlemagne vers l'an 775, Louis-le-Débonnaire en 815, et Charles-le-Chauve en 862, confirmèrent cette donation (1). Le roi Robert Ier, au synode tenu à Chelles vers l'an 1008, fit une pareille confirmation (2).

Les rapports des religieux avec Féricy, pour la gestion de leurs biens, amenèrent l'introduction dans la paroisse du culte de sainte Osmanne, particulièrement honorée dans l'abbaye de Saint-Denis.

L'église actuelle, bâtie au XIIIe siècle, — probablement en remplacement d'une autre plus ancienne, — fut placée sous le vocable de cette sainte, et, au commencement du XVe siècle, elle reçut des reliques de sa patronne, qu'on tira de la châsse de saint Denis. Ce don motiva l'intervention de Guillaume, archevêque de Sens, qui, par lettres datées du 18 juillet 1405, approuva les conditions sous lesquelles il avait été consenti. Il autorisa la célébration, dans l'église de Féricy, de deux messes annuelles à l'intention des religieux de Saint-Denis : l'une, dite du Saint-Esprit, le 10 octobre, lendemain de la fête de saint Denis, et l'autre, pour les défunts de

---

(1) Ducange, *verbo Lignarium*. Voir aussi Guérard, *Polyptique de l'abbé Irminon*, et M. Grésy dans sa note intitulée : *Restitution d'un nom de lieu disparu*. (Extrait des Mémoires de la Société des Antiquaires de France, année 1856.) — Dans les pièces justificatives de l'histoire de l'Abbaye de Saint-Denis, Félibien a reproduit la charte de Pépin qu'il dit avoir copiée sur l'original ; il lui assigne la date « vers l'an 750. » Le nom de *Ferriciacum* apparaît pour la première fois dans la charte de Charles-le-Chauve de l'an 862.

(2) Félibien, *Histoire de Saint-Denis*, page 119, et pièces justificatives, no CX.

l'abbaye, le 10 septembre, lendemain de la fête de sainte Osmanne (1).

Une source voisine de l'église fut consacrée à la sainte. On attribua une vertu particulière à ses eaux, et de nombreux pélerinages s'y succédèrent. Anne d'Autriche y fit célébrer une neuvaine en novembre 1635. Les anciens registres paroissiaux en faisaient foi, ainsi que de prétendus faits surnaturels attribués à la vertu des eaux de Féricy (2).

---

(1) Félibien (dom Michel), *Histoire de l'abbaye de Saint-Denis en France*. Paris, 1706, in-f°, p. 321. *Acta sanctorum*. IX septembre. Légende de sainte Osmanne.

(2) Dans son histoire du palais de Fontainebleau (*Souvenirs historiques des résidences royales de France*, tome IV, page 315), M. Vatout raconte ce qui suit :

« Anne d'Autriche doutait d'elle-même, car, au mois de novembre 1637, elle eut recours à des eaux dont la vertu fécondante était en grande renommée.

« A deux lieues de Fontainebleau, du côté de la Brie, près de l'emplacement où existait l'antique abbaye de Barbeau, s'élève une modeste église où d'anciens vitraux attirent l'attention du voyageur : c'est l'église de Féricy. Ses registres attestent la vénération qu'on avait, dans les pays d'alentour, pour la fontaine de sainte Osmanne : « Les femmes qui désiraient devenir mères, ou celles dont le lait avait tari, recouraient à la vertu de ses eaux. »

« La reine entendit parler des merveilles de cette fontaine; elle fit venir de ses eaux pour en boire et pour s'y baigner, pendant qu'on célébrait une neuvaine dans l'église de Féricy, pour obtenir du ciel le fils qu'elle demandait inutilement depuis vingt-deux ans de mariage. »

M. Vatout ajoute en note :

« Cette particularité nous a été racontée à Fontainebleau par M. le supérieur du séminaire d'A-

Il serait futile de discuter sur ce point. Est-ce bien d'ailleurs aux sceptiques du XIX^e^ siècle qu'il appartient de ridiculiser les naïves croyances du temps passé, quand de nos jours tant de gens réservent leur foi pour les somnambules et les tables tournantes, les zouaves guérisseurs et les panacées universelles, dont les réclames remplissent la quatrième page des journaux.

L'église de Féricy est ornée de vitraux remarquables au point de vue de l'art et intéressants par leurs traditions légendaires sur la patronne du lieu. A ce double titre, ils appellent l'attention de ceux que les souvenirs du passé ne laissent pas entièrement indifférents.

La légende de sainte Osmanne est vague, merveilleuse comme toutes les légendes des saints. On ne sait pas au juste l'époque où vivait la patronne de Féricy. Les hagiographes diffèrent sur les circonstances de son existence et ils ne s'accordent pas davantage sur l'époque de sa mort. Les uns, comme Philippe de Ferrières, Thomas Dempster, le père Fitz-Simon

---

von, qui nous a également remis l'extrait des registres de Féricy, constatant le fait en ces termes :

« L'an 1637, le 25 novembre, madame l'abbesse
« de Poissy a fait et accompli le vœu de la reine,
« suivant l'ordre de Sa Majesté, et accompagnée de
« M. Bouvot, chanoine de Sainte-Osmanne, religieux
« de Saint-Denis et prieur de Kérial, qui a célébré
« la messe pendant neuf jours : ils ont fait la neu-
« vaine avec solennité. Après la cérémonie reli-
« gieuse, les dames ont signé.

« MONDAY, curé de Féricy-en-Brie. »

Nous ajouterons qu'ayant recherché au greffe du Tribunal de Melun et à la mairie de Féricy, le registre de 1637 pour contrôler le texte donné par M. Valout, nos recherches sont restées infructueuses. Les plus anciens registres paroissiaux de Sainte-Osmanne datent au greffe de l'an 1676, et à la mairie de l'an 1692.

et André Saussaye, la placent au 20 ou au 22 novembre, tandis que les Bollandistes, adoptant l'opinion d'Usuard et de Chatelain, la fixent au 9 septembre, date qui était acceptée à Saint-Denis et à Féricy (1).

Ecrite antérieurement aux *Acta sanctorum*, par Jehan Vilson et le chanoine Chatelain, la légende de sainte Osmanne avait cours en ces termes :

« Osmanne, vierge issue des anciens rois d'Irlande, fut initiée de bonne heure à la foi chrétienne par une femme aux soins de laquelle elle avait été confiée dès sa plus tendre jeunesse. Ses parents, adonnés au culte des idoles, l'engagèrent à se marier avec un jeune noble du pays qui professait aussi le paganisme. Osmanne résista ; menacée dans sa foi et dans son existence, elle abandonna secrètement sa patrie et ses parents. Accompagnée d'une servante nommée Anclitène, elle traversa la mer dans une barque de pêcheur et vint se réfugier en France dans une forêt située sur les bords de la Loire.

« Elle y vivait depuis quelque temps, menant une existence extrêmement austère, lorsqu'un jour elle fut découverte dans sa retraite par des chasseurs qui poursuivaient un sanglier. La bête aux abois, serrée de près par la meute, se réfugia dans la hutte de la sainte, pour rechercher sa protection. Vainement les chasseurs lancèrent-ils à l'animal leurs dards et leurs épieux, ils ne purent le blesser.

« Soupçonnées de magie pour ce fait, Osmanne et sa compagne, saisies par les chasseurs, furent conduites à un évêque du voisinage, qui les interrogea, reconnut qu'elles étaient instruites dans la religion du Christ et leur conféra le baptême. Le bruit de cette aventure s'étant répandu dans le pays, on vint de toutes parts honorer les deux vierges. Une mo-

(1) *Verbo : Acta sanctorum*, au 9 septembre.

deste demeure, au milieu d'un jardinet, leur fut concédée. Après y avoir vécu beaucoup d'années, dans une grande sainteté. dit la légende, Osmanne fut enfin appelée à demeurer avec les anges dans la béatitude du céleste séjour. »

Telle était la tradition dans toute sa naïveté.

Dans le cours du moyen-âge, cette légende subsistait encore intacte à Féricy. Mais postérieurement au XVIe siècle, elle s'altéra profondément et ce qu'on en savait n'était plus qu'un mélange confus de faits généralement erronés. Voici, en effet, ce qu'un ecclésiastique écrivait dans l'almanach du diocèse de Sens en 1777 :

« On prétend que le nom de Féricy vient de ce qu'un prince français, chassant dans les bois qui entourent cette commune, trouva un énorme sanglier de meute couché sous les pieds d'une princesse irlandaise réfugiée en France, sous la persécution de Dioclétien, dans une cabane élevée près de la fontaine qui porte son nom ; que ce prince appela les gens de sa suite en criant en latin, qui était la seule langue que l'on parlât alors : *Fera est hic!* et que c'est de ce mot qu'est tiré le nom de Féricy. »

Le jeu de mot est ingénieux, mais est-il besoin d'ajouter que tout ce récit est de pure fantaisie. D'après les diplômes carolingiens, les formes les plus anciennes du nom de Féricy sont *Ferriacus* et *Ferruciacus* (1).

Quoiqu'il en soit, il est certain qu'au moyen-âge le culte de sainte Osmanne était en grande vénération dans le pays. Les reliques de la sainte et l'efficacité attribuée aux eaux de la fontaine placée sous son patronage attiraient de nombreux pélerins dont les oblations constituaient un produit fructueux. Les fenêtres de l'église furent alors garnies de vitraux peints où

---

(1) *Restitution d'un nom de lieu disparu*, par M. Grésy.

ceux des fidèles qui ne savaient pas lire pouvaient connaître néanmoins la légende de la sainte qu'ils v .naient implorer.

Ces vitraux, assez bien conservés, ne sont pas dénnés de mérite. La date de 1534, inscrite à l'angle du septième panneau, ne laisse aucun doute sur le temps de leur exécution.

Le dessin en est ample et facile, la couleur agréable, les tons justes et harmonieux. Le sentiment d'un art dégagé de la naïveté un peu rude des siècles précédents se révèle dans l'expression des figures, dans le modelé des formes et dans l'agencement des sujets.

La légende de sainte Osmanne comprend sept panneaux inscrits dans la fenêtre latérale à gauche du sanctuaire. La fenêtre parallèle est occupée par les épisodes d'un pèlerinage à Saint-Jacques-de-Compostelle.

**VERRIÈRE DE SAINTE OSMANNE (1).**

*1er panneau. — Sainte Osmanne refuse de sacrifier aux faux dieux.*

A droite, un vieillard à longue barbe, richement vêtu de brocard d'or et coiffé d'un bonnet orné d'une couronne radiée, lève la main droite pour exhorter la sainte à consentir à la demande qui lui est faite. Au milieu, la jeune fille, vêtue de pourpre, fait un geste de protestation et dé-

(1) M. Eugène Grésy, de la Société des Antiquaires de France, avait fait de beaux dessins de cette verrière. Il comptait les publier en les accompagnant d'une notice, mais la mort ne lui en a pas laissé le loisir. Madame veuve Grésy ayant bien voulu me les communiquer, ils m'ont guidé dans mon travail. Je lui en témoigne ici toute ma reconnaissance, en même temps que je me plais à consacrer ce souvenir à la mémoire du savant archéologue qui avait encouragé mes débuts.

tourne son regard des idoles devant lesquelles elle a été amenée. A droite, un jeune seigneur, revêtu d'un magnifique costume, lui désigne les idoles et paraît aussi vouloir la contraindre à leur rendre hommage. Au-dessus de cette scène sont deux statuettes nues, debout, appuyées sur une haste.

Ce panneau, inséré dans le trèfle de la fenêtre, mesure 80 centimètres de hauteur sur 70 dans sa plus grande largeur.

2e *panneau. — Pour échapper aux persécutions, sainte Osmanne quitte la maison de son père.*

A droite, dans le haut du panneau, sainte Osmanne, accompagnée de sa servante, se réfugie dans une forêt. Sur le même plan, à gauche, se trouve une ville renfermant de beaux édifices. Au-dessous, un bûcheron travaille dans la forêt.

Au premier plan, sainte Osmanne et sa suivante ont pris place dans un bateau conduit par un marinier qui rame énergiquement.

Le bas du panneau est rempli par l'eau de la mer sur laquelle se détachent des fleurs et des plantes.

LÉGENDE :

**Depart de saincte Osmanne.**

Hauteur, 1 m. 24 c. Largeur, 75 c.

3e *panneau.— Un sanglier se réfugie dans la hutte de sainte Osmanne.*

Une chaumière rustique, formée de branchages, se détache à droite. La servante est debout; sainte Osmanne, la tête nimbée, s'agenouille devant un chasseur qui porte un violent coup de lance au sanglier arrêté au pied de la sainte. Celle-ci, dans l'attitude de la supplication, appuie la main droite sur sa poitrine, tandis que de l'autre main elle tient un livre de prières. A gauche, un chasseur se baisse pour frapper le sanglier qui est tenu en arrêt par deux chiens. Au second plan, à droite, un cavalier coiffé d'une toque d'or ornée de plumes. La scène a lieu dans la forêt ; le soleil qui occupe le sommet du panneau indique qu'elle se passe au milieu du jour.

LÉGENDE :

Ceste vierge aux bois,
Des chiens fuyant les abbois,
Les veneurs.... *(un sanglier)*
Vint à elle se *(réfugier)*.

Dimensions du précédent panneau.

*4e Panneau. — Baptême de sainte Osmanne et de sa compagne.*

A droite, un clerc porte-croix ; à la suite un personnage vêtu d'un costume bleu et violet raconte à un évêque, en costume de chœur, la découverte des deux jeunes filles dans la forêt. Vers la gauche, au premier plan, sainte Osmanne et sa compagne, nues, sont agenouillées aux pieds de l'évêque, à côté d'une cuve baptismale. Derrière, cinq personnages, dont deux à cheval, sont diversement groupés.

LÉGENDE :

Levesque baptisa de sa main la sainte
pucelle,
Son Jardinier laissa pour faire jardin
et chapelle.

Mêmes dimensions.

5e *Panneau. — Le jardinier épris de passion pour la sainte est puni.*

Au sommet du panneau, à droite, on voit une chapelle en construction. Sur la gauche, au second plan, le jardinier de l'évêque se jette aux pieds de sainte Osmanne pour lui faire des propositions déshonnêtes. La sainte le repousse des mains. Au premier plan, le même jardinier, sur la profession duquel il est impossible de se méprendre en voyant un arrosoir à son côté et une houe dans sa main gauche, est frappé de cécité et d'insanité d'esprit. Cette situation est parfaitement caractérisée par un geste du jardinier qui porte sa main droite à sa figure, et par la présence d'un démon, couleur de feu, qui s'avance pour le saisir, symbolisme usité au moyen-âge pour décrire la folie.

LÉGENDE :

**Le Jardinier voulant fre oultrageà la dame,**
**Aveugle et incensé total devint.**

Mêmes dimensions.

6e *Panneau. — Sainte Osmanne guérit une jeune fille.*

La légende inscrite au bas de ce panneau initie à la scène qu'il représente :

**Une fille ung jor ariva que sa gorge eust maladie,**
**Ung prebtre au père ensigna saincte Osmanne q. la guérit.**

Le sommet de la scène est occupé par un cavalier richement vêtu, joignant les mains dans l'attitude de la prière. A côté sont des gens de sa suite. A gauche un homme conduit à sainte Osmanne la jeune fille malade; celle-ci ouvre la bouche et lève les bras pour implorer la sainte; à droite, Osmanne et sa suivante s'avancent vers la jeune fille.

Mêmes dimensions.

7e *Panneau. — Sainte Osmanne rend la vue à un aveugle.*

Ce panneau est le plus important du vitrail par le nombre de personnages qu'il renferme. Au sommet, se trouvent huit hommes d'armes ou seigneurs coiffés de casques et de toques; trois d'entre eux, plus richement vêtus que les autres, sont à cheval. A gauche, au premier plan, sainte Osmanne assise tient un livre ouvert. La servante est debout derrière elle. Une autre jeune fille est placée devant la sainte, à côté d'un homme agenouillé dans l'attitude de la supplication. L'un des cavaliers, tenant à la main un insigne du commandement, se penche sur son cheval, dans la direction de sainte Osmanne à laquelle il semble désigner l'homme qui désire obtenir guérison.

Au bas on lit la date de **1534** et ce reste de légende :

**Saincte Osmanne. . . . . les yeux,**
**Dung pauvre aveugle à la lumière. . .**
**en priant Dieu.**

Mêmes dimensions.

Les vitraux de sainte Osmanne ne sont pas la seule partie curieuse de l'église de Féricy. L'édifice lui-même est digne d'attention, malgré les restaurations modernes qu'il a subies. Bâti au XIIIe siècle, dont la nef conserve le style, il reçut des augmentations importantes au temps où florissait l'architecture ogivale tertiaire. Des dalles funéraires de différentes époques rappellent la mémoire de possesseurs d'anciens fiefs situés dans l'étendue de la paroisse (1); un bénitier roman en pierre sculptée et quelques statuettes peuvent aussi intéresser les archéologues.

---

(1) C'est à l'aide d'une de ces dalles, remontant à l'an 1300, que M. Grésy a pensé pouvoir restituer au fief de la Generie le nom primitif de *Linariolas*, qui figure dans la charte de Pépin d'environ l'année 751. — (*Restitution d'un nom de lieu disparu.* Brochure déjà citée.)

Le droit de présentation à la cure de Féricy appartenait à l'abbé de Saint-Denis, en vertu d'une convention faite avec Guillaume, archevêque de Sens, vers l'an 1173, confirmée par une bulle du pape Luce III, en 1183. — Félibien, *Histoire de Saint-Denis*, pages 201 et 204. Pièces justificatives, n° CXLVIII.

# OBITUAIRE DE FÉRICY.

---

Notre travail sur le vitrail de sainte Osmanne était terminé, lorsque nous eûmes occasion de voir M. H. de Villefosse, élève de l'Ecole des Chartes, attaché à la conservation du musée du Louvre, qui nous révéla l'existence d'un obituaire de la paroisse de Féricy, remontant au XIVe siècle.

C'est cet obituaire qui, vainement cherché à Féricy et au greffe de Melun, contient la fameuse mention de la neuvaine de la reine Anne d'Autriche en 1637, citée par M. Vatout, et d'une autre neuvaine de Marie-Thérèse, épouse de Louis XIV, en 1675. Il est inutile de dire avec quelle reconnaissance nous accueillimes l'indication si intéressante qui nous était donnée par M. de Villefosse. Les archéologues comprendront ce sentiment.

L'obituaire de Féricy fut conservé dans la paroisse jusque vers 1837 environ. A cette époque, probablement sur la proposition de M. Vatout, le roi Louis-Philippe en ordonna le transfert dans sa bibliothèque du Louvre, à Paris. Les autorités locales accédèrent trop facilement à son désir ; un document de cette nature n'aurait pas dû sortir du pays. Emporté à Paris, le hasard voulut qu'au lieu de rester à la bibliothèque du Louvre, il fut déposé aux archives du Musée. Bénissons ce hasard qui nous vaut la conservation de l'obituaire de Féricy. Si l'intention du roi Louis-Philippe eût été réalisée, nous aurions à déplorer la perte du précieux manuscrit, qui aurait été brûlé avec la bibliothèque du Louvre par les partisans de la Commune.

M. H. de Villefosse a relevé, avec plus d'exactitude que M. Vatout, la mention de la neuvaine de la neuvaine de 1637 et quelques autres renseignements. Ces extraits complètent nos documents sur le culte de sainte Osmanne, et assignent une date certaine aux travaux faits à l'église dans le cours des XVI^e et XVII^e siècles :

1^er Mai. — L'an mil cinq cens trente deux fut dicte et célébré la première messe en l'église neufve de Féricy, par deffunct M^e Pierre Le Coing, en son vivant prebtre chapellin de deffunct M^e Jehan Parant, fondateur d'icelle église. Prie Dieu pour eulx et pour tous les bien faiteurs d'icelle.

25 Novembre. — L'an mil six cens trente sept, ce mesme jour, madame l'abbesse de Poissy a faict et a comply le vœu de la Reine, suivant l'ordre de Sa Majesté, et accompagnée de Monsieur Bonnot, chanoine et religieus de Saint-Denis et prieur de Reuil, qui a célébré la sainte messe pendant neuf jours, ont fait la novaine avec solennité, et la ditte dame a pris la ceinture et les reliques exposées par moy soubssigné.

De Laumondays.

12 Septembre. — L'an mil six cens trente huit, ce mesme jour a esté chanté un *Te Deum* et fait solennelle action de graces pour la naissance du daulphin à Saint Germain en Laye par moy soubssigné.

De Laumondays.

29 Aout. — En l'an 1661 a esté bastie la sacristie dans l'église de Féricy, atenant l'autel saint Sébastien, d'une somme de cent livres, qui a esté employé a plusieurs autres réparations, léguées par feu Jacques du Pré, escuier, mareschal des logis de Son Altesse Royalle, et depuis Messieurs ses enfants ont donné dix livres pour l'achever le premier janvier au dict an.

Ph. le Barbey.

25 Octobre. — En 1663, Messieurs de Saint-Denis sont condamnés à faire toutes les réparations du chœur de l'église de Féricy et le curé deschargé. La sentence est à Melun.

27 Septembre. — Ce jour, madame de la Tour, concierge du chasteau royal de Fonteinebleau, est venue à Féricy, accompagnée de trois autres dames, par l'ordre de Sa Majesté Marie-Thérèze d'Autriche, à présent reine et régente de France, pour acomplir la novaine que Sa Majesté avait résolu faire elle mesme, pendant laquelle novaine je celebré neuf messes chantées soleunellement avec salutz, pour les nécessités de la France et autres intentions que Sa Majesté m'a déclarées. Faict en l'an mil six cens soixante quinze, par moy soubssigné, prieur et curé de céans.

[illegible] Roussel,



---

www.ingramcontent.com/pod-product-compliance
Ingram Content Group UK Ltd.
Pitfield, Milton Keynes, MK11 3LW, UK
UKHW021022220726
13924UKWH00001B/125

9 782019 91471